Flora Heidari

O papel da educação ambiental na melhoria da saúde do ambiente

O papel da educação ambiental na melhoria da saúde do ambiente

Flora Heidari

O papel da educação ambiental na melhoria da saúde do ambiente

Os efeitos efectivos da educação ambiental

ScienciaScripts

Conteúdo

CAPÍTULO 1

Introdução

O ambiente é uma dádiva divina concedida pelo Todo-Poderoso para a fixação e a vida do homem como a entidade mais significativa e a criatura mais nobre, e o acesso a um ambiente saudável também tem sido considerado um direito humano, tal como o direito de viver e a liberdade individual. Este facto levou o homem a envidar todos os esforços durante anos para proteger e apoiar o ambiente e para evitar a sua destruição. No entanto, para além dos seus cuidados e acções, o homem tem causado danos a este dom divino.

A partir do momento em que o homem conquistou e dominou o ambiente que o rodeia e o conseguiu controlar em grande medida, o equilíbrio do sistema biológico tornou-se desordenado. A expansão de novas tecnologias, a atividade económica, o desenvolvimento de infra-estruturas, a fixação de pessoas, o crescimento industrial, a implantação tecnológica e a interdependência proporcionam diversos tipos de facilidades para a prática no meio ambiente, ao passo que podem causar danos significativos ao meio ambiente e, quanto mais o domínio e as conquistas do homem aumentam, mais a perda ou o defeito do equilíbrio ambiental se manifesta, a ponto de o homem pensar agora num remédio para se libertar da armadilha que ele próprio criou e encontrar uma forma de continuar a sua vida. É claro que, infelizmente, deve reconhecer-se que procurar um remédio não significa que se ponha fim à ocorrência de danos ambientais resultantes da poluição e destruição do ambiente, mas sim que se toma consciência do estado de perigo existente. O homem não deve considerar o ambiente que o rodeia como um meio de exploração e deixar-se beneficiar do ambiente da forma que desejar. O homem deve ajustar muito bem as suas relações com o ambiente e evitar comportamentos que causem danos ao ambiente. O homem deve também respeitar a lei da natureza, uma vez que esta lei garante a sobrevivência de todos os organismos e sistemas biológicos, incluindo ele próprio. No entanto, desrespeitar esta lei e impor leis criadas pelo homem à natureza irá perturbar o equilíbrio do sistema biológico e causar danos e prejuízos ambientais, pondo também em risco a vida do homem.

Uma vez que os danos ambientais podem ter efeitos deletérios na qualidade do ambiente e alterar a capacidade do ambiente para proteger uma qualidade aceitável de equilíbrio estável para o ambiente, foram considerados como um dos problemas mais salientes que levam o homem de hoje a enfrentar sérios desafios. Se não forem adoptados os planos e a regulamentação necessários e suficientes para a gestão adequada do ambiente e dos seus recursos, bem como para a prevenção de crimes ambientais, a geração atual e futura enfrentará uma séria ameaça devido aos danos ambientais evidentes. Por outro lado, sem desfrutar de um ambiente seguro e saudável, o homem não poderá continuar a sua vida natural.

Independentemente do facto de a destruição e a poluição do ambiente serem consideradas crimes ambientais na legislação da maioria dos países, a proteção do ambiente tem sido altamente enfatizada. Assim, em vez de permitir que as pessoas cometam um crime destruindo ou poluindo o ambiente e depois sejam punidas pelos crimes que cometeram, é preferível prestar uma atenção substancial à prevenção da ocorrência de crimes contra o ambiente e procurar alguns mecanismos e métodos que possam garantir a prevenção dos danos causados ao ambiente, uma vez que qualquer esforço neste sentido é mais valioso do que qualquer esforço feito para compensar os danos causados e uma vez que o ambiente destruído e poluído pode, por vezes, não ser reposto no seu estado inicial e os efeitos negativos de tais danos permanecem no ambiente para sempre. O desenvolvimento de relações sociais complexas, o tipo de comportamento, o método de interação entre o homem e o ambiente, os efeitos negativos da interferência humana na regulação natural regular e a perturbação do equilíbrio do ambiente estabelecem e confirmam a necessidade da educação ambiental e a garantia da sua realização. Por outras palavras, a aceitação da educação ambiental pode ter como objetivo a proteção e o desenvolvimento do ambiente. Entretanto, é considerada como um instrumento para o ambiente que actua na prevenção de danos e que também evitará danos no futuro.

O reforço da cultura e da consciência ambiental, em conjugação com o senso comum nacional e internacional, nas diferentes classes da sociedade, contribui enormemente para a resolução dos diferentes problemas ambientais. Por isso, um dos métodos práticos para materializar a participação das pessoas na proteção do ambiente é a educação ambiental.

A educação ambiental, incluindo os domínios da biologia, ecologia, ciências da terra, geografia, ciências atmosféricas e matemática, aumenta a informação e a consciência dos indivíduos sobre o domínio da natureza e as dificuldades que lhe estão associadas, cria as capacidades vitais e o domínio para enfrentar as dificuldades, incute confiança e gestão e cultiva o comportamento e a inspiração.

Os principais objectivos da educação ambiental podem ser classificados em sensibilização, conhecimento, atitudes, competências e participação, sendo todos os factores mencionados necessários para alcançar a proteção e a recuperação do ambiente. Considerar a educação ambiental como uma questão importante, especialmente no que diz respeito aos efeitos da humanidade no ambiente, é uma componente fundamental de diferentes organizações, tais como organizações escolares, comunidades locais, o sector privado e os governos locais. Além disso, a educação ambiental desempenha um papel vital no estabelecimento de um equilíbrio entre os elementos ambientais, contribui para que o ser humano melhore a sua vida através da obtenção de competências suficientes e torna-o responsável pela obtenção de um ambiente saudável.

De acordo com os efeitos benéficos da educação ambiental na cultura, os professores, através do estabelecimento de uma relação emocional profundamente enraizada com os seus alunos, desempenham um papel proeminente no desenvolvimento de hábitos e competências relacionados com a proteção do ambiente e provocam as emoções e os interesses dos alunos para que estes se sintam ligados à natureza e à proteção. Os cientistas acreditam que a formação em algumas questões, como a proteção do ambiente e o sentido de responsabilidade por elas, deve ser iniciada na infância, porque os alunos que receberam a formação acima referida durante o ensino primário terão mais capacidades racionais e sociais básicas no futuro.

Na presente investigação, foi estudada a avaliação dos conhecimentos dos professores das escolas primárias do Irão, de acordo com variáveis subjacentes como o sexo, a idade e o nível de escolaridade, sobre as questões ambientais, os problemas ambientais e os métodos de promoção da sensibilização. Além disso, foi feita uma avaliação dos esforços educativos desenvolvidos pelo Departamento do Ambiente, da eficácia das questões educativas e da investigação dos fracassos educativos em matéria de questões ambientais.

CAPÍTULO 2

Ambiente

Foram apresentadas diferentes expressões para o conceito de "ambiente". O ambiente representa a ambiência que rodeia o processo biológico e interage com ele. O ambiente é constituído pela natureza, pelas sociedades humanas e pelos espaços manipulados pelo homem e envolve toda a biosfera. Entretanto, o ambiente é uma atmosfera com certas propriedades biológicas, químicas e físicas onde o homem e outros organismos podem desfrutar de uma vida natural durante a sua existência. Por outras palavras, o ambiente é composto pelo conjunto de organismos, recursos, factores vivos e não vivos e condições sincronizadas em torno de cada organismo, e a sobrevivência do homem depende dele.

A ciência do ambiente é uma disciplina multidisciplinar que inclui física, geologia, geografia, história, economia, fisiologia, biotecnologia, teledeteção, geofísica, ciências do solo e hidrologia. Além disso, as ciências do ambiente abrangem uma abordagem que permite compreender o ambiente do nosso planeta e o impacto da vida humana no ambiente, a conservação da natureza e dos recursos naturais, a conservação da diversidade biológica, o controlo da poluição ambiental, a estabilização da população humana e do ambiente, as questões sociais relacionadas com o desenvolvimento e o ambiente, o desenvolvimento de um sistema de energias renováveis não poluentes e a atribuição de uma nova dimensão à segurança da nação. A classificação do ambiente pode ser vista na Fig.1.

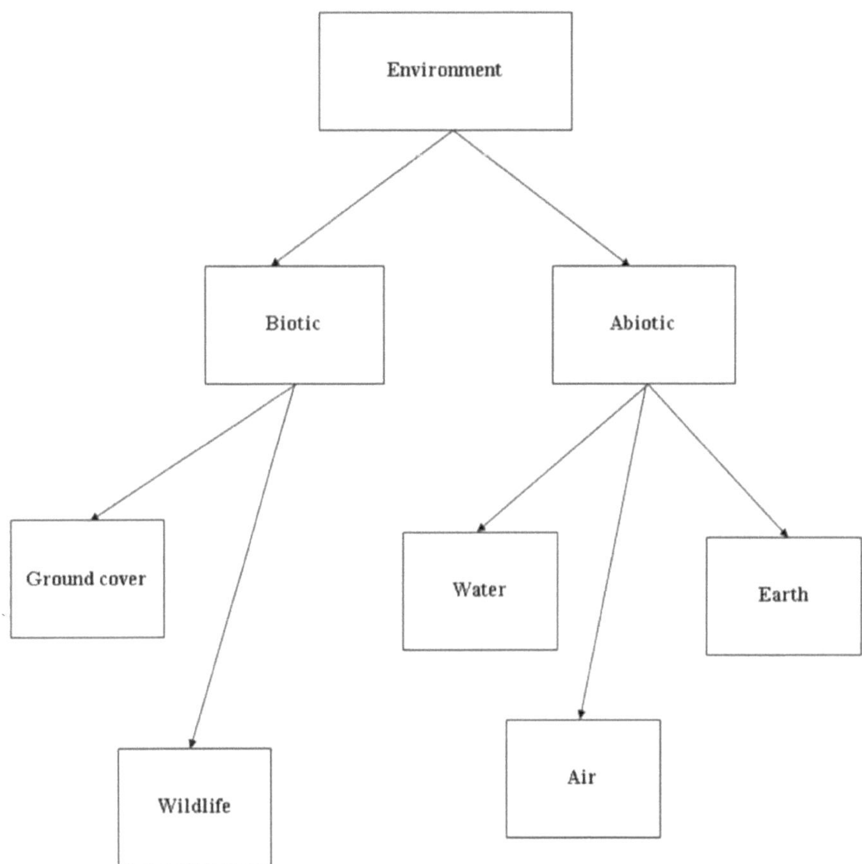

Fig. 1 Classificação do ambiente

A geração do homem depende direta e indiretamente do ambiente e da atividade do homem, o progresso e o desenvolvimento das suas sociedades estão sujeitos à existência e à continuação do espaço e do ambiente adequados em que vivem. Se o homem não tiver um espaço e um ambiente adequados, deixará de poder desenvolver-se. O homem, enquanto entidade mais significativa e substituto do Todo-Poderoso na terra, tem direito a usufruir de todos os dons divinos, mas esse usufruto não deve ser feito de forma a pôr em causa o direito dos outros a usufruírem desses dons. Por outras palavras, assim como o homem tem o direito de usufruir de um ambiente saudável, ele é responsável por fazer um uso correto do mesmo. Este direito não só garante o usufruto de um ambiente saudável e seguro para todos, como também impõe aos indivíduos, organizações, empresas e governos a responsabilidade de impedir actividades prejudiciais ao ambiente. O direito de usufruir de um ambiente saudável garante outros direitos, incluindo o direito de aceder a informações sobre o ambiente, o direito de aprender sobre questões ambientais, o direito de tomar decisões sobre questões ambientais, o direito de requerer procedimentos e indemnizações por danos ambientais. Por conseguinte, as medidas responsáveis do homem contra o ambiente são analisadas em duas secções: positiva e negativa. As medidas negativas incluem o abandono de todos os comportamentos que possam resultar num equilíbrio ambiental desordenado e na aniquilação dos seus constituintes. E as medidas positivas consistem em todos os trabalhos adequados que resultam na revitalização do ambiente, mantêm a sua saúde e estabelecem um maior equilíbrio na vida. Isto só é possível através da participação pública, do sentido de correlação transnacional, da obtenção de educação ambiental e da criação de um mundo unido, porque à luz da educação ambiental, a competição pela aquisição de instalações de ressuscitação chegará ao fim. Assim, a educação ambiental é vital devido aos fundamentos que materializam os objectivos ambientais em várias questões e é o anel de ligação entre as pessoas e o ambiente. Além disso, a responsabilidade social e a participação das pessoas na proteção do ambiente serão criadas pela educação ambiental.

CAPÍTULO 3

Danos ambientais

Os danos ambientais referem-se sobretudo aos danos indiretamente decorrentes do ambiente. A principal dificuldade na definição de danos ambientais é determinar se a vítima é o homem ou o ambiente. Há duas abordagens principais para responder a esta questão:

1. Alguns juristas consideram que o ambiente é a fonte dos danos causados ao homem. Consideram que os danos ambientais consistem em "um dano causado aos homens e aos objectos através do meio em que vivem".

2. Outros consideraram que os danos ao ambiente são exigíveis independentemente dos seus reflexos e definiram os danos causados aos fenómenos e objectos ambientais como danos ambientais. Entretanto, consideraram que a poluição da água, do ar e do solo faz parte desta definição. No entanto, os efeitos indirectos destes danos podem também afetar o homem. Por conseguinte, estes juristas definiram os danos ambientais como "os danos causados diretamente ao ambiente circundante, independentemente dos seus reflexos nos bens e objectos".

Entretanto, o conceito de "danos ambientais" é utilizado para os danos criados no ambiente, ou seja, a alteração de uma parte especial ou de todo o ambiente que tem consequências consideravelmente prejudiciais para a qualidade do ambiente ou a alteração da capacidade do ambiente para manter uma qualidade de vida aceitável ou um equilíbrio viável e consistente.

A Comissão Europeia considera o dano ambiental como um dano biológico ou químico ou uma perturbação do ambiente e considera qualquer degeneração biológica, química e física do ambiente como um dano ambiental. Por outras palavras, o dano ambiental é interpretado como o desenvolvimento de quaisquer perdas.

3.1. Tipos de danos ambientais

Os danos ambientais são classificados em dois grupos distintos (Fig. 2).

3.1.1. Danos individuais

O dano individual é um dos danos ambientais. Este dano concretiza-se de três formas:

1. Danos materiais

O dano material é causado diretamente aos fenómenos e objectos ambientais e pode resultar da destruição ambiental e/ou do desperdício de um benefício que é causado através do ambiente, e os seus efeitos indirectos reflectem-se no homem. Por outras palavras, os danos materiais são perdas tangíveis causadas ao ambiente. Quando as hortas ou explorações agrícolas são danificadas pela poluição ambiental e daí resulta uma diminuição da produção, o poluidor será aparentemente responsável e deverá indemnizar as perdas infligidas. No entanto, para além da demonstração da existência de um dano, é necessária a sua avaliação para determinar o montante do prejuízo causado.

2. Danos intelectuais

Os danos intelectuais podem resultar de perdas no prestígio e na reputação das pessoas que, segundo os académicos, são considerados o capital intelectual das pessoas. Ou pode resultar de danos nas emoções e nos sentimentos das pessoas. Sempre que, em resultado de uma atividade poluente no ambiente, especialmente a poluição sonora, que se transformou num problema muito grave devido ao aumento da urbanização neste século, o papel e o efeito diretos da poluição podem ser observados na mentalidade das pessoas, ou seja, causam perdas nos direitos não pecuniários das pessoas através do ambiente em que vivem e perturbam o seu bem-estar público, as pessoas podem exigir uma indemnização pelas perdas intelectuais que sofreram e, em caso de prova, o poluidor é obrigado a compensar essas perdas.

3. Danos mistos

Por vezes, as perdas e danos psíquicos são acompanhados de danos físicos (corporais) e, devido a um único ato lesivo, a parte lesada pode exigir uma indemnização por danos pecuniários e intelectuais, conhecidos como danos mistos. Se, devido à poluição ambiental de uma zona, os habitantes contraírem uma doença específica e perderem o emprego, podem exigir uma indemnização pelo tratamento e pelo desemprego, que é considerado um dano pecuniário, bem como por perdas intelectuais, que é a dor que sofreram devido à poluição.

3.1.2. Danos colectivos

Quando são causados alguns danos e as pessoas afectadas não são definidas, uma vez que esses prejuízos foram causados a pessoas indefinidas e se espalharam de tal forma que ninguém pode afirmar que é o principal prejudicado e apresentar uma queixa a este respeito. Por conseguinte, os danos colectivos são os prejuízos causados a um grupo de pessoas sem que uma determinada pessoa desse grupo possa ser determinada como a que foi diretamente afetada, como os prejuízos causados aos caçadores por uma pessoa que caça sem licença.

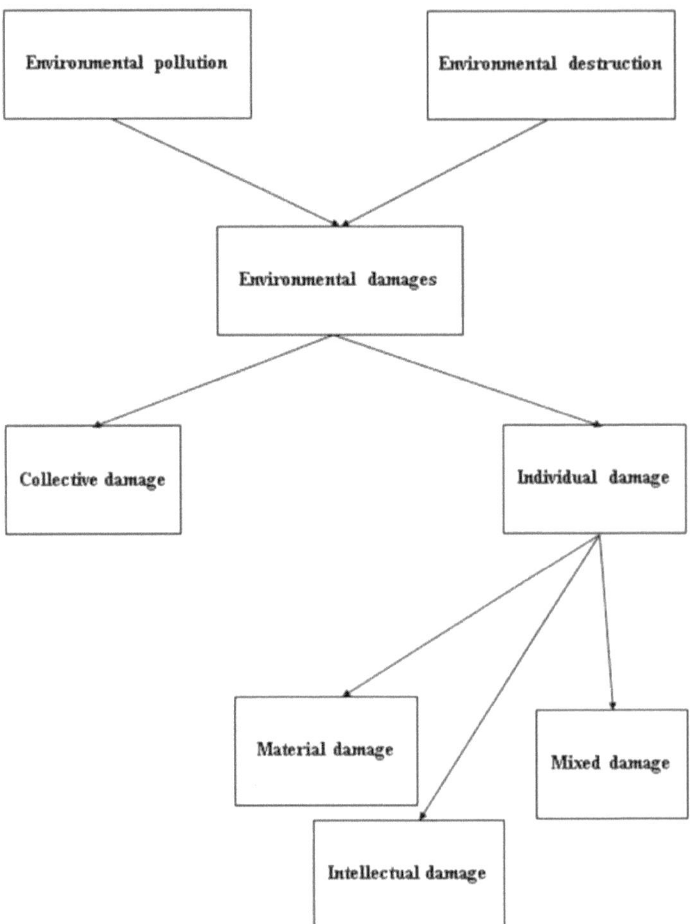

Fig. 2 Tipos de danos ambientais

3.2. Exemplos de danos ambientais

Durante as últimas décadas, o tema do ambiente e dos danos ambientais transformou-se num dos tópicos mais importantes do mundo. A destruição e a poluição do ambiente são alguns dos exemplos mais marcantes destes danos, cada um dos quais pode ser considerado como o resultado e o fruto especial das sociedades industriais e o presente da industrialização das comunidades humanas e, deste modo, os países em vias de desenvolvimento têm uma quota-parte menor no advento deste fenómeno.

3.2.1. Destruição do ambiente

A destruição do ambiente é uma das maiores ameaças em todo o mundo. Significa qualquer alteração da qualidade ou da quantidade dos recursos naturais e a deterioração do ambiente, como a água, o ar e o solo, que perturbam o equilíbrio da natureza e provocam a destruição do ecossistema, a perda de biodiversidade, a extinção da vida selvagem e impactos devastadores na saúde humana. Por outras palavras, a realização ou a prevenção de algumas actividades que resultam em danos para o ambiente e ameaçam a vida e a saúde dos seres humanos e de outros organismos são os principais factores de degradação. Também pode ser interpretada como a diminuição ou o desaparecimento da capacidade de produção do ambiente, que é causada pela utilização injusta do solo por actividades humanas e comportamentos residenciais.

3.2.2. Poluição ambiental

Uma das substâncias mais nocivas que o mundo enfrenta atualmente é a poluição ambiental, que aumenta a cada ano que passa e causa danos irreversíveis ao ambiente. Por outras palavras, a poluição ambiental é a acumulação e a interação adversa de contaminantes de origem natural e antropogénica no ambiente.

Com base numa das numerosas definições de "poluição ambiental", esta é referida como "qualquer modificação das propriedades dos componentes de um ambiente, de modo a que as suas utilizações anteriores deixem de ser possíveis, e que, direta ou indiretamente, ponha em risco os benefícios e a vida dos organismos vivos". De acordo com outra definição, a poluição é definida como "a modificação indesejável das propriedades físicas, químicas e biológicas do ar, da água ou do solo". Obviamente, estas modificações indesejáveis ameaçam a saúde, a sobrevivência e as actividades do ser humano e de outros organismos que vivem na biosfera. Biologicamente, existem dois grupos de poluentes:

1. Poluente degradável

Os poluentes degradáveis podem ser degradados, consumidos ou mesmo eliminados. Este grupo divide-se em duas categorias:

1.1. Poluente rapidamente degradável: Estes poluentes decompõem-se rapidamente e incluem os resíduos agrícolas, animais e humanos. Um rio em que a água corre a alta velocidade é automaticamente limpo de águas residuais humanas, a menos que este sistema natural de limpeza seja perturbado por algumas razões, como a entrada acumulada de resíduos poluentes de uma grande cidade.

1.2. Poluente lentamente degradável: Ao contrário da primeira categoria, a decomposição ocorre lentamente nesta categoria, podendo permanecer na natureza sob uma forma nociva durante dezenas ou mesmo centenas de anos. Os materiais radioactivos e os D.D.T estão nesta categoria.

2. Poluente não degradável

Na maioria dos casos, os poluentes não degradáveis não são decompostos de forma natural. O mercúrio, o chumbo, alguns compostos e os plásticos são exemplos desta categoria. Devem ser sempre envidados esforços para evitar a descarga de poluentes não degradáveis ou de degradação lenta na água, no ar e no solo, ou para diminuir as suas perdas, removendo-os do ambiente.

Refira-se que a poluição ambiental pode ser classificada em cinco tipos básicos de poluição: ar, água, solo, ruído e luz.

1. Poluição atmosférica

O ar é um dos cinco elementos essenciais para a sobrevivência da vida humana (ar, água, alimentos, calor e luz). Cada pessoa respira quase 22000 vezes e precisa de 15 kg de ar por dia. Uma pessoa pode sobreviver sem comida durante 5 semanas e sem água durante 5 dias, mas não pode viver sem ar durante mais de 5 minutos. Com o crescimento das cidades e o aumento das fontes de poluição atmosférica, nas grandes cidades e nas cidades industriais, o ar é frequentemente poluído. Assim, uma vez que esta poluição põe em perigo a saúde das pessoas que vivem nas zonas poluídas, a identificação e a sensibilização para os seus vários aspectos reveste-se de uma importância considerável, sendo esta a única forma de prevenir ou reduzir os seus perigos.

Há muito que se sabe que a poluição atmosférica afecta negativamente o ambiente. Hoje em dia, com o advento de vários pesticidas e de novos processos industriais, a gama de poluentes atmosféricos perigosos, incluindo o dióxido de enxofre, o ozono, o cloro, o smog, os herbicidas, o etileno, o mercúrio, o amoníaco, os óxidos de azoto, o PAN, o cianeto de hidrogénio, o sulfureto de hidrogénio e o cloreto de hidrogénio, está a aumentar. A combinação dos poluentes atmosféricos com as gotículas de água provoca a queda de chuva ácida, que tem efeitos prejudiciais para os animais e as plantas. Na Fig. 3 estão indicados os principais poluentes atmosféricos.

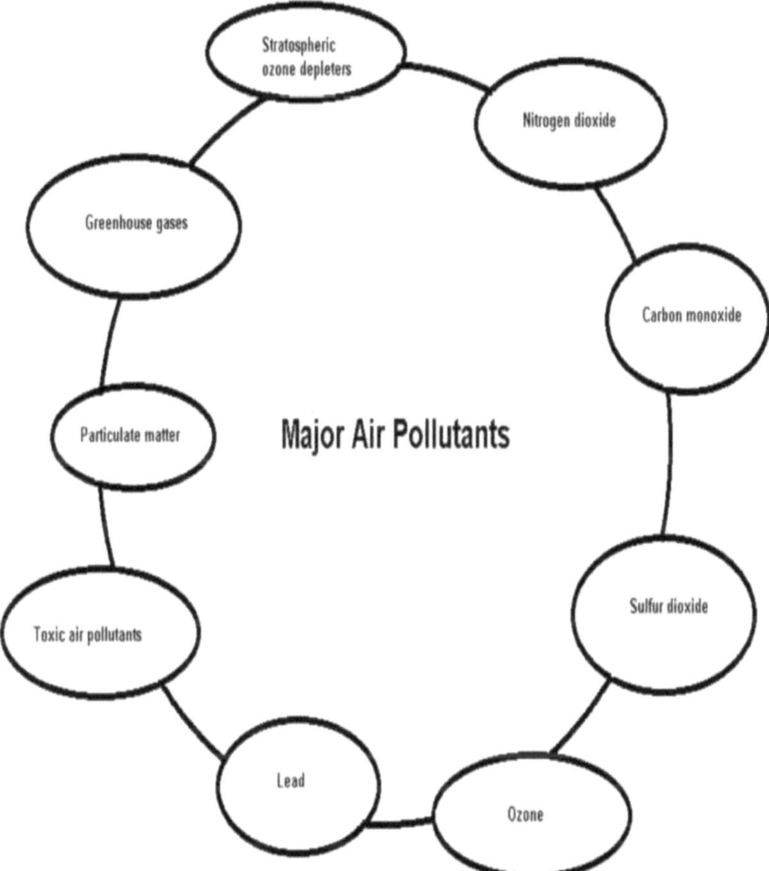

Fig. 3 Principais poluentes atmosféricos

2. Poluição da água

A água é a origem da vida e a sua escassez ou qualidade inadequada afecta a vida dos organismos e dos seres humanos. Historicamente, a quantidade e a qualidade da água disponível para o ser humano tem sido um fator determinante do nível de vida. Os recursos hídricos estão classificados em cinco categorias principais: oceanos, nuvens, vapor atmosférico, glaciares e calotes polares, águas superficiais, incluindo rios, lagos e zonas húmidas, e águas subterrâneas. Estes cinco elementos estão ligados entre si no ciclo da água e a água passa de um recurso para outro ao longo do tempo. O período de tempo que a água permanece em qualquer um destes ambientes é diferente. As fontes mais importantes de água para consumo humano, industrial e agrícola são as águas doces superficiais (rios, lagos e reservatórios) e as águas subterrâneas.

As fontes de poluição da água podem ser classificadas em fontes pontuais e não pontuais. As fontes pontuais de poluição da água, incluindo fábricas, centrais eléctricas, minas de carvão subterrâneas e poços de petróleo (Fig. 4) estão fixas num local e têm um local específico para a descarga de poluentes numa determinada massa de água, ao passo que as fontes não pontuais de poluição da água, incluindo o escoamento de campos, relvados e jardins, muitos pequenos esgotos, águas pluviais de estradas e ruas e águas sujas de diferentes estaleiros de construção (Fig. 4) estão muito dispersas e ocorrem quando a taxa de materiais que entram nessas massas de água excede os níveis naturais. Assim, a regulação e o controlo das fontes pontuais de poluição da água são muito mais fáceis em comparação com as fontes não pontuais de poluição da água. Diferentes tipos de poluição derivados de fontes pontuais e não pontuais são eventualmente transportados pelos rios para lagos, mares e oceanos. Os poluentes da água, principalmente os factores físicos, químicos e biológicos, causam danos irreversíveis à vida aquática e às pessoas que consomem água.

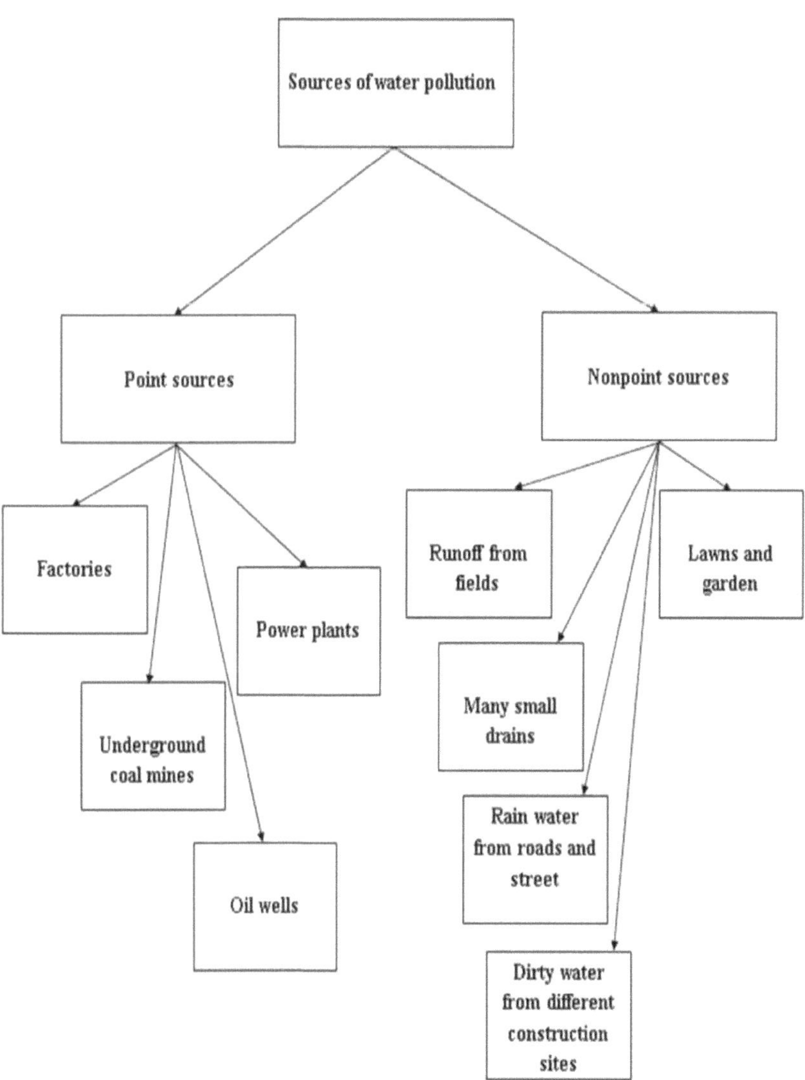

Fig. 4 Fontes de poluição da água

3. Poluição dos solos

O solo é um recurso natural importante e valioso que actua como um purificador. Para além de fornecer alimentos, tem também uma propriedade purificadora. Esta propriedade é o resultado de propriedades físicas (penetração dos poros do solo), propriedades químicas (absorção superficial e evaporação) e propriedades biológicas (decomposição e decomposição de materiais orgânicos). O solo é constituído por duas partes:

1. Solo morto

Esta parte contém rochas intemperizadas e materiais inorgânicos resultantes da decomposição de corpos vegetais e animais (conhecidos como húmus). Para além disso, existe ar e água nesta zona.

2. Solo vivo

O solo vivo é um solo no qual vivem pequenos organismos, como insectos e vermes, bem como plantas, cogumelos, bactérias e outros micróbios.

Um solo típico contém 50% de materiais inorgânicos e orgânicos e 50% de ar e água que preenchem os espaços vazios do solo e mantêm os organismos vivos no solo. Naturalmente, o tipo e a composição dos solos variam em função das condições ambientais. As quantidades de água que os solos podem absorver são muito importantes do ponto de vista agrícola e para a construção de estradas e fábricas de construção, que dependem principalmente da granulometria do solo. Quanto mais finos forem os grãos do solo, mais água é absorvida pelo solo, o que não é uma boa propriedade para projectos de construção. Geralmente, um solo bom e médio é composto por grãos finos e grossos. A formação do solo depende do tempo, da resistência da rocha-mãe, do clima, das actividades dos organismos vivos e da topografia da área onde o solo é formado.

Sem um solo saudável, a vida não será possível no planeta Terra. 95% da alimentação humana é obtida da terra. O planeamento de um solo saudável e fértil é um requisito para a sobrevivência humana. A penetração de organismos e energia no solo altera a sua qualidade, o que leva à desnaturalização do solo.

Nos últimos anos, diferentes actividades, como as actividades agrícolas, a desflorestação e a erosão do solo, os aterros superlotados, as actividades de construção, a industrialização e as actividades mineiras, têm sido conhecidas como as principais razões da poluição do solo. Os produtos químicos perigosos, juntamente com os compostos tóxicos, entram na cadeia alimentar a partir do solo, perturbando o processo biológico e afectando negativamente a vida humana. Por outras palavras, os indivíduos sofrem de perturbações nervosas, perturbações gastrointestinais, dores nas articulações e problemas respiratórios devido a esses compostos.

4. Poluição sonora

O som é o resultado da vibração das moléculas de ar e das alterações de pressão em curso. As ondas sonoras são emitidas longitudinalmente no ar e são sentidas pelo ser humano numa determinada gama de frequências. Por conseguinte, os sons ondulatórios são uma forma de ondas mecânicas que são emitidas longitudinalmente e criam o sentido da audição. As ondas mecânicas podem ser emitidas em diferentes frequências, mas a gama de audição para o ser humano situa-se entre 20Hz e 20000Hz. As ondas inferiores a 20 Hz são chamadas infra-sons e as superiores a 20000 Hz são ultra-sons. A intensidade sonora mínima para o ouvido humano médio (limiar absoluto de audição (ATH)) é de 0Hz e a intensidade sonora máxima suportável é de 120Hz. Um som inferior a 20 Hz não é ouvido e um som superior a 120 Hz pode ser perturbador, doloroso e, por fim, prejudicial.

A audição de sons indesejados que ultrapassam a capacidade de resistência do ser humano é designada por poluição sonora.

A poluição sonora não só tem efeitos auditivos, não auditivos e fisiológicos no ser humano, como também tem certas caraterísticas que podem danificar estruturas, prejudicar a eficiência do trabalho e afetar o rendimento das explorações agrícolas e dos animais.

As experiências sugerem que sons com intensidades tão elevadas como 150Hz a 160Hz são letais para alguns animais. Estes animais sofrem convulsões parciais, paralisia e tremores. Palidez, hipertensão, baixa temperatura corporal, aumento do nível de stress e tensão são resultados da poluição sonora no ser humano.

5. Poluição luminosa

A poluição luminosa é a iluminação excessiva de um ambiente por luzes artificiais. Por outras palavras, as luzes artificiais que são emitidas para além das normas, num momento ou local impróprio, e que tornam o ambiente e o céu noturno mais agressivos, resultam neste tipo de poluição.

A poluição luminosa é conhecida como fotopoluição ou poluição luminosa e os seus efeitos podem ser classificados em desperdício de recursos, perda de valor histórico e cultural, implicações para a saúde e para a vida selvagem.

1.3. Métodos de indemnização por danos ambientais

Os danos causados ao ambiente são compensados através das seguintes formas:

3.3.1. Reposição da natureza no seu estado anterior

Esta forma significa colocar o ambiente danificado numa situação como se não tivesse sido praticado qualquer ato prejudicial e, se o autor do dano não tivesse praticado o seu ato prejudicial, o ambiente poluído e destruído estaria nessa situação. É claro que a indemnização por danos causados ao ambiente através da reposição da natureza no seu estado anterior só é eficaz para o futuro e não elimina os danos passados. Neste método, tenta-se, numa primeira fase, repor os componentes exactos do ambiente ou os seus vestígios, incluindo plantas, animais, etc., no seu estado anterior, para compensar as perdas causadas ao ambiente, mas, na maioria dos casos, a reposição dos recursos naturais poluídos e destruídos no seu estado anterior não é prática, uma vez que as especificações de alguns danos ambientais, como os efeitos de alguns poluentes, demoram muito tempo a desaparecer. Na fase seguinte, se o poluidor se envolver numa atividade que causa continuamente danos aos recursos naturais, a forma mais importante de compensar os danos é destruir a fonte de poluição, como no caso de uma fábrica poluente que causa poluição atmosférica, a prioridade é eliminar a poluição e encerrar a fábrica poluente.

1.3.2. Para apresentar um equivalente

Outro método utilizado para compensar os danos ambientais consiste em apresentar um equivalente e substituir os recursos naturais destruídos e poluídos por um recurso equivalente.

Neste método, procura-se, numa primeira fase, eliminar os danos causados através da retaliação. Por exemplo, quando uma exploração de reprodução aquática obtém da natureza o fator de reprodução de que necessita, é obrigada, para preservar as suas reservas, a libertar as crias do mesmo aquático no próprio local ou local designado pela pescaria. No entanto, a obtenção de um substituto para o que sofreu perdas nem sempre é possível e, nesses casos, tenta-se pagar um preço equivalente ao valor dos danos causados ao ambiente para compensar apenas parte dos danos causados. Por exemplo, no caso da caça e da predação de animais selvagens no Irão, o Conselho Superior de Proteção do Ambiente determinou e aprovou o preço de cada animal selvagem para exigir uma indemnização, mas o valor de cada um dos animais selvagens é muito superior ao montante pago como indemnização. É de notar que a maior parte dos prejuízos ambientais são compensados através do pagamento do seu preço. Além disso, no momento de proferir a sentença de reparação dos danos, devem ser considerados factores importantes como as alterações no crescimento ou na reprodução de diferentes tipos de seres vivos, aves e qualquer diminuição dos serviços e vantagens proporcionados pelos recursos naturais. Certamente, a propagação dos danos ambientais pode ser evitada se os métodos mencionados forem cuidadosamente executados para compensar os danos.

1.4. Dispositivos para fornecimento de compensação

Para que nenhum dano fique por compensar, o legislador preparou algumas aquisições, cuja importância é a seguinte

1.4.2. Para estabelecer a responsabilidade solidária

Quando as pessoas causam danos ao ambiente ou a outros seres humanos, o requerente deve, no caso de a responsabilidade ser relativa, intentar uma ação contra cada um dos autores desses danos, proporcional aos danos que cada um causou, de modo que o requerente deve intentar várias acções, o que exige não só despesas consideráveis, mas também muito tempo. Entretanto, em todos os casos, é impossível para o requerente calcular o montante dos danos causados por cada um dos autores e, para evitar tais resultados, os protectores do ambiente exigem a responsabilidade solidária, de modo a que o requerente possa referir-se a um dos poluidores a quem o acesso é mais fácil e intentar uma ação de indemnização contra ele.

1.4.3. Estabelecer um seguro de responsabilidade civil obrigatório

Para que o lesado não se veja confrontado com o incumprimento da promessa por parte do autor do dano, a lei permitiu que o lesado recorra diretamente ao segurador, não havendo, neste caso, necessidade de interferência do segurado. Por outro lado, a responsabilidade de um não segurado pode levar à falência de uma empresa, uma vez que, por vezes, os danos causados são muito intensos e o seu autor não dispõe de capital suficiente, pelo que a indemnização dos danos pode revelar-se impossível sem seguro.

Atualmente, a questão da poluição e dos seus efeitos nocivos tem vindo a ganhar importância no sector dos seguros. As companhias de seguros dividiram a poluição em dois grupos, ou seja, a poluição casual e a poluição gradual. A primeira consiste num dano causado por um acidente súbito, como um incêndio, uma explosão, a paragem de sistemas, erros e afins e, imediatamente após esse acidente, a propagação de materiais tóxicos e a segunda significa a difusão ou descarga gradual e/ou contínua de poluentes, que causarão danos devido à sua condensação e/ou aos outros efeitos que deixam a longo prazo.

Devido à amplitude dos perigos, algumas companhias de seguros não cobrem a responsabilidade ambiental, exceto no que se refere aos danos que ocorrem subitamente e a sua cobertura é geralmente por um curto período, não estando incluídos neste grupo os danos que ocorrem gradualmente e a longo prazo. As companhias de seguros tendem a provar que os danos que não podem ser logicamente previstos e que, por conseguinte, são inevitáveis, não foram acidentais e, por conseguinte, não podem ser cobertos pelo seguro.

Na maioria das apólices de seguro, existe uma condição que estipula que a responsabilidade decorrente da poluição ambiental a longo prazo não será coberta pela responsabilidade do seguro e que o segurado é responsável pela indemnização dos danos ambientais. Esta questão é um dos elementos que implica um sistema de seguro especial para indemnizar a destruição e a poluição ambientais.

Quanto aos danos causados de repente, o prémio é calculado tendo em conta a taxa de risco causada pela entidade a cobrir. Assim, factores como a percentagem possível de poluição, a taxa de segurança contra a poluição, o valor do ambiente exposto à poluição contribuem para determinar o prémio de uma entidade. O poder poluente das substâncias mantidas num local e as suas quantidades podem especificar a possível percentagem de poluição. A qualidade dos métodos de segurança utilizados no local, a capacidade das pessoas responsáveis pela sua conceção e condução, os meios instalados no local e o comportamento da direção e dos trabalhadores da entidade em causa relativamente às questões ambientais são alguns dos factores que determinam o grau de segurança. Entretanto, a estimativa do custo de reconstrução da área danificada, tendo em conta a taxa de vulnerabilidade das fontes expostas ao risco, pode ser uma base para determinar o valor ambiental.

1.4.4. Criação de um fundo de indemnização por danos

O objetivo da criação deste fundo é minimizar os poluentes do ambiente, impedir a sua destruição e ajudar a proteger e apoiar o ambiente. O financiamento do fundo para a realização das referidas actividades é obtido através de assistências e donativos de sectores não governamentais nacionais e estrangeiros. Os estatutos do fundo serão elaborados conjuntamente pela Organização do Ambiente, pelo Ministério dos Assuntos Económicos e Financeiros e pela Organização Estatal de Gestão e Planeamento e aprovados pelo Conselho de Ministros. Pretende-se agora propor que o Conselho de Ministros, com o acordo do Conselho Provincial de Planeamento e Desenvolvimento, atribua as multas ambientais ao Fundo do Ambiente para serem aplicadas em actividades ambientais. Entretanto, com a ajuda do fundo, as actividades ambientais do sector industrial devem ser apoiadas de modo a resolver os problemas ambientais e económicos.

CAPÍTULO 4

História da educação ambiental a nível mundial

No início da década de 1960, apenas um número limitado de habitantes do mundo estava familiarizado com a crise ambiental, incluindo a destruição e a poluição do ambiente, mas atualmente esta é uma das principais preocupações da humanidade. O movimento de proteção do ambiente no final da década de 1970 começou com uma consciência crescente de que os problemas ambientais, como os acima referidos, estavam a aumentar. Nas últimas décadas, com o aumento da intensidade e da quantidade de ameaças e perigos ambientais, o homem pensou em soluções para resolver a crise ambiental existente. Obviamente, a sociedade global tendeu a ensinar e a aprender a preparar os cidadãos do mundo para o combate aos problemas ambientais.

Depois de o termo "educação ambiental" ter sido reconhecido, as organizações que se ocupam dos métodos de educação ambiental procuraram definir este conceito de forma abrangente e legitimá-lo. A União Internacional para a Conservação da Natureza e dos Recursos Naturais (UICN) tem desempenhado um papel importante neste processo, tanto no passado como no presente. Esta união foi criada em 1949 como uma união internacional constituída por organizações governamentais e não governamentais, especializadas em questões de conservação. No início de setembro de 1965, o comité de educação do Noroeste da Europa, que era uma filial desta união, anunciou a necessidade de educação ambiental em todos os graus, incluindo escolas, universidades e formação de empresas com qualquer ligação à natureza e à terra. Em 1960, a Organização das Nações Unidas para a Educação, a Ciência e a Cultura (UNESCO) realizou *UMA* conferência sobre a "Biosfera" em Paris. Passado algum tempo, a IUCN anunciou num relatório que, talvez pela primeira vez, o mundo mostrava uma atenção especial ao ambiente. Numa conferência realizada em 1968, a UNESCO apelou ao aumento e à expansão dos programas de estudos ambientais em todos os níveis de ensino, à promoção de formações técnicas e à atração da atenção dos povos do mundo para os problemas ambientais. Através de um projeto, esta organização apelou também à criação de organismos nacionais para coordenar a educação ambiental em todo o mundo. Ao criar um conselho de educação ambiental como um organismo abrangente e completo, para coordenar projectos de educação ambiental a todos os níveis e entre todos os sectores da sociedade, a Inglaterra foi classificada como o primeiro Estado a implementar o projeto da UNESCO. Em 1970, o "Workshop internacional de formação sobre a integração da educação ambiental nos currículos escolares" foi um dos esforços mais importantes da UNESCO no domínio da educação ambiental. Os apoios das principais organizações internacionais nessa década duplicaram a importância da educação ambiental. O programa "O Homem e a Biosfera" (MAB), adotado em 1970 e que entrou em vigor pela UNESCO em 1971, dá ênfase aos aspectos científicos, educativos e técnicos da utilização da natureza e dos recursos naturais.

A Declaração sobre o Ambiente Humano, que contém 26 princípios adoptados na primeira conferência das Nações Unidas, em 1972, em Estocolmo, e a primeira declaração conjunta de 113 Estados sobre a consideração e o compromisso com o ambiente humano, salientaram a educação de indivíduos de diferentes faixas etárias e a promoção da investigação científica sobre questões ambientais. Esta conferência propôs a educação ambiental como um excelente meio para resolver a crise ambiental. Os princípios 19 e 20, para além de realçarem a educação e a investigação científica, discutem o papel dos meios de comunicação social na sensibilização e na criação de capacidades. Em 1975, o Programa das Nações Unidas para o Ambiente (PNUA) e a UNESCO fundaram o Programa Internacional de Educação Ambiental (IEEP). Estes dois organismos organizaram o primeiro seminário internacional sobre educação ambiental em Belgrado, na Jugoslávia. Os principais objectivos deste seminário consistiam em ajudar os organismos governamentais, nacionais, regionais e internacionais a incorporar a educação ambiental nos sistemas de ensino formal e informal, a fim de promover e alargar os padrões de comportamento modernos e a responsabilidade ética a nível coletivo para proteger e melhorar o ambiente. A declaração sobre o ambiente foi adoptada na conferência intergovernamental sobre educação ambiental realizada em 1977, em Tbilisi, com a participação de 66 Estados, e a cooperação internacional neste domínio foi tida em consideração. A Declaração de Tbilisi sublinhou que a educação ambiental deve abranger o público de todas as idades e a todos os níveis, tanto formal como informalmente. O relatório final desta conferência contém uma declaração que se baseia principalmente nos princípios da Conferência de Belgrado. Esta declaração constitui um quadro para alcançar um consenso internacional sobre a educação ambiental em todo o mundo. De facto, a Conferência de Tbilisi e os materiais publicados após a mesma continuam a ser a base do projeto geral de desenvolvimento da educação ambiental em muitos países. Em 1987, a UNESCO e o PNUA realizaram o congresso internacional sobre ambiente e educação em Moscovo e confirmaram todos os princípios da educação ambiental já delineados há uma década em Tbilisi. Na carta denominada "agenda 21", que contém 27 princípios formulados na Conferência sobre o Ambiente e o Desenvolvimento, realizada em 1992, no Rio de Janeiro, com a participação de 120 autoridades e representantes de mais de 170 países, a educação ambiental foi considerada um dos principais objectivos da agenda 21. janeiro, o estabelecimento e a constância de um sistema de educação destinado a modificar a visão pública para o meio ambiente como um prelúdio para alcançar o desenvolvimento sustentável. Em 1993, foi publicado um relatório muito importante na Escócia. Este relatório foi o resultado das actividades de investigação de um grupo nomeado pelo Secretário do Gabinete Escocês para a Cultura, Europa e Assuntos Externos em 1990. Outro avanço considerável ocorreu na Grã-Bretanha em 1993, com a publicação do relatório Toyne sobre "Environmental responsibility: an agenda for further and higher education". Este relatório recomenda que o ensino superior adopte e promova o seguinte

1. Uma política ambiental pormenorizada

2. Uma política e uma estratégia para o desenvolvimento da educação ambiental

3. Planos práticos para a sua aplicação

Estas acções acabaram por levar à incorporação da educação ambiental nos currículos dos níveis de ensino superior. [st]Em 1996, foi publicado o relatório da estratégia do Governo britânico para a educação ambiental "adoção da educação ambiental no século XXI".

Por conseguinte, foi mencionada a eficácia e a emergência de questões relacionadas com o ambiente a todos os níveis educativos à escala mundial. A ameaça crescente contra os recursos terrestres e a saúde e estabilidade das comunidades humanas exige que os cidadãos deste planeta sejam adequadamente informados sobre o ambiente, o que exige a promoção e o desenvolvimento do nível de educação ambiental.

CAPÍTULO 5

Educação ambiental

Um dos requisitos da eficácia e da eficiência dos sistemas educativos é a flexibilidade e a adequação dos sistemas educativos para fazer face a vários desenvolvimentos e aos problemas deles decorrentes. De facto, os tipos de sistemas educativos que são capazes de adotar uma abordagem razoável, quando confrontados com mudanças e desenvolvimentos rápidos, e de definir novas funções para si próprios serão dinâmicos no mundo variável e acelerado de hoje e darão respostas adequadas às exigências emergentes. Caso contrário, não poderão estabilizar o seu papel e a sua posição como um sistema educativo eficaz. Nesta perspetiva, uma função substancial de um sistema educativo, particularmente durante as últimas décadas, de acordo com as crescentes descobertas e os seus desafios, que tem encontrado grande importância é a educação ambiental. Paralelamente ao aumento das actividades humanas e dos seus impactos ambientais, a necessidade de uma educação extensiva e abrangente para os indivíduos sobre a responsabilidade de proteger o ambiente tornou-se mais sensível. Além disso, o conhecimento do ambiente pode ser considerado um fator que ajuda a criar compreensão e sensibilidade para com o ambiente, o que é possível à luz da educação ambiental.

Por um lado, a educação contribui substancialmente para a geminação e o equipamento das forças humanas e, por outro lado, é uma forma conveniente de alterar a cultura, o conhecimento, a atitude, o comportamento, as competências e o desempenho dos trabalhadores através da avaliação das necessidades, da conceção do curso e do ensino teórico e prático, bem como da avaliação do nível de aprendizagem, a fim de melhor preparar e desempenhar as responsabilidades profissionais e desempenhar o papel de trabalhador. A aprendizagem e a educação são os fenómenos psicológicos mais importantes no desenvolvimento de recursos humanos para diversas organizações e para a cooperação económica.

De acordo com a importância do ambiente no âmbito da educação ambiental, é possível materializar uma utilização adequada do ambiente.

A educação ambiental é referida como a identificação de valores e a explicação de conceitos, a fim de estabelecer as competências e tendências necessárias para compreender e reconhecer as interdependências entre o homem, a cultura e o ambiente, e é uma estratégia que se centra na expansão dos conhecimentos práticos e nas soluções técnicas e de gestão para os problemas ambientais. A educação ambiental inclui lições teóricas, práticas e comportamentais que, em conjunto, terão efeitos consideráveis nos hábitos e emoções humanos e é um novo sistema de valores que deve ser incorporado nas mentes humanas e aparecer nos comportamentos quotidianos. Também afecta a responsabilidade de um indivíduo para com a sua sociedade e o seu ambiente. Além disso, a educação ambiental deve fazer parte da formação geral, para que os membros da sociedade estejam, em certa medida, familiarizados com ela. Além disso, deve ser um tópico especial dos cursos profissionais, fazer parte integrante dos materiais educativos e afetar todos os aspectos da personalidade do ser humano, bem como as suas emoções e comportamentos. Este objetivo só será alcançado quando este tipo de educação se tornar uma parte fundamental da educação formal e semiformal, for considerado um processo contínuo na educação e corresponder às necessidades ambientais actuais. Além disso, deve ser capaz de prever e estimar as necessidades e os perigos futuros, para que todos compreendam a responsabilidade, a obrigação e a dependência do público em relação à proteção do ambiente.

Uma das caraterísticas mais importantes que definem uma educação ambiental eficaz é o facto de esta dever encorajar a prossecução de objectivos ambientais de uma forma que reconheça outros objectivos sociais e económicos poderosos e legítimos. Além disso, uma educação ambiental eficaz deve envolver todos - governo, indústria, meios de comunicação social, instituições de ensino, grupos comunitários - bem como indivíduos. De um modo geral, os princípios da educação ambiental devem ser aplicados ao longo de toda a vida, ser holísticos e ter em conta as ligações, ser práticos, estar em harmonia com os objectivos sociais e económicos, ter a mesma prioridade e conduzir a acções que resultem em melhores resultados educativos e não apenas na acumulação de conhecimentos inertes ou de competências pouco práticas.

É de referir que uma grande variedade de formas, tais como o desenvolvimento de um quadro nacional para as actividades de educação ambiental, o reforço do perfil da educação ambiental, uma melhor coordenação das actividades de educação ambiental, um maior acesso a materiais de qualidade, mais oportunidades de desenvolvimento e instalações para os professores no sector da educação formal, uma maior integração dos princípios da educação ambiental no ensino regular, actividades de formação profissional e melhores recursos para as organizações comunitárias, têm um papel essencial no enriquecimento do nível da educação ambiental.

Os problemas ambientais, incluindo os aspectos sociais, científicos, culturais, económicos e éticos, podem ser reduzidos através da utilização de experiências e erros, juntamente com a atualização de conhecimentos e competências. Consequentemente, para uma gestão eficiente, é necessário abordar os problemas ambientais através de um pensamento alargado e da compreensão dos sistemas, ligações, padrões e causas.

Os objectivos gerais da educação ambiental são os seguintes

1. Conhecimento, compreensão e avaliação da relação entre o homem e o meio que o rodeia.

2. Sensibilização e aquisição de competências em matéria de proteção e alteração do ambiente.

3. Desenvolvimento e valorização de um espírito responsável, criativo e interessado pelo ambiente.

5.1. A importância da educação ambiental para os alunos das escolas

A educação das crianças nos seus primeiros anos de vida é de extraordinária importância, porque a personalidade das crianças é formada durante esses anos e a aprendizagem ocorre melhor e mais rapidamente nesse período. Por conseguinte, se a educação ambiental for iniciada nos primeiros anos de vida, será formada uma pessoa responsável e qualificada nesta matéria e, se isto acontecer em grande escala, as gerações futuras considerarão a proteção do ambiente como parte essencial da sua vida. Além disso, as crianças desempenham um papel importante nas famílias, e uma educação adequada pode educar uma família. Embora a família tenha muitos efeitos no comportamento das crianças, a sua personalidade forma-se sobretudo durante o ensino básico. Esta secção é o período mais importante em que a personalidade das crianças pode ser modificada de uma forma desejável. Atualmente, em todos os países desenvolvidos e bem sucedidos, a educação ambiental começa desde muito cedo. Os alunos de qualquer grau, juntamente com os seus professores, podem tocar nos elementos ambientais através da aprendizagem teórica e prática e passar algumas horas de diferentes cursos relacionados com o ambiente a ver filmes educativos e documentários. Ambas as acções refrescam os alunos e diversificam o sistema educativo, o que terá efeitos positivos e surpreendentes no aumento do espírito dos alunos em relação à proteção e reabilitação do ambiente, porque a missão do sistema educativo é transferir o património cultural e a experiência humana para as novas gerações, mudanças desejáveis no reconhecimento, na atitude e, finalmente, no comportamento dos alunos. A eficácia da transferência de conhecimentos para as novas gerações nos centros educativos exige a identificação de objectivos, princípios educativos, caraterísticas dos alunos e professores, currículos e métodos de ensino. É claro que, a este respeito, o sistema educativo, em colaboração com o Departamento do Ambiente, como principal organização responsável pela proteção do ambiente, deve analisar as imperfeições da educação ambiental, especialmente nos graus primários, tomar em consideração métodos eficazes de sensibilização e de despertar o interesse de alunos e professores e, mais importante ainda, incorporar mais rapidamente materiais relacionados com o ambiente nos manuais escolares de todos os graus. A incorporação de conceitos ambientais básicos e profundos nos manuais escolares institucionalizará a proteção do ambiente nos alunos, enquanto futuros cidadãos, como uma responsabilidade humana e ética desde o início e durante a formação da sua personalidade.

As actividades educativas nas escolas primárias têm três caraterísticas desejáveis:

1. Do ponto de vista do desenvolvimento mental e cognitivo, as crianças em idade escolar estão preparadas para aprender novas matérias e, devido à sua curiosidade inerente, prestam muita atenção ao ambiente que as rodeia.

2. Uma vez que os currículos são uniformes em todo o país, a incorporação de tais materiais com o objetivo de sensibilizar as crianças para o ambiente que as rodeia e atrair

a sua atenção é uma ação interessante.

3. A nível nacional, este grupo etário constitui uma grande parte da população cuja educação nas escolas terá certamente um efeito frutuoso.

5.2. O papel dos professores na transmissão da educação ambiental aos alunos

A formação dos professores é o primeiro passo para o sucesso da educação ambiental dos alunos. Quando um professor sabe onde e como ensinar a proteção do ambiente às crianças, certamente que o aluno ficará atento e interessado no ambiente. Assim, são necessários professores formados, educados e amigos do ambiente. A aproximação ao mundo dos alunos e a identificação das suas caraterísticas são os principais deveres dos professores. É necessário adaptar a educação à evolução psicológica dos alunos. É o professor que deve identificar as capacidades e os talentos dos alunos e começar a ensinar com base neles. Além disso, para uma educação geral que inclui materiais de manuais escolares transferidos para os alunos de acordo com as caraterísticas do seu grupo etário, cada aluno exige um método especial de educação, sendo dever do professor encontrar esse método e aplicá-lo tendo em conta o carácter de cada aluno.

O professor, como principal pilar do desenvolvimento do espírito de proteção do ambiente, oferece diversos programas que levam os alunos para o ambiente natural e construído, uma aprendizagem eficaz e eficiente através da experiência e um ambiente de aprendizagem aberto, de apoio e agradável para os alunos na simulação de aprendizagem, modelação, ambiente de exploração, utilização dos sentidos para experimentar, orientação, cartografia, visitas de estudo, reflexão pessoal e aventuras no mundo natural com precisão.

São necessárias duas estratégias, uma a longo prazo e outra a curto prazo, para que as diversas escolas melhorem o nível de conhecimentos dos professores sobre temas ambientais e se aproximem da consecução dos objectivos da educação ambiental. Na estratégia a longo prazo, deve ser implementado o método pertinente e objetivo, juntamente com programas educatívos que sejam coerentes com a nossa cultura. Na estratégia a curto prazo, os desafios ambientais devem ser resolvidos de forma adequada.

Como resultado, a determinação de prioridades e índices, o reconhecimento das necessidades educativas de todos os grupos, incluindo os professores a diferentes níveis, bem como resultados abrangentes, contribuem para melhorar a consciência ambiental e utilizar métodos combinados em conjunto com a cooperação com a respectiva organização.

CAPÍTULO 6

Materiais e métodos

No presente estudo, foram utilizados dois instrumentos de recolha de dados de questionários, incluindo as caraterísticas de personalidade dos inquiridos e algumas perguntas sobre a resposta aos objectivos principais e secundários, para avaliar o conhecimento e a consciência ambiental dos professores do ensino básico. A fim de analisar os dados através do EPI e do SPSS, a amostragem foi efectuada aleatoriamente e foram recolhidos 2500 questionários. Os resultados dos dados em termos de género, idade e nível de escolaridade são apresentados, respetivamente, nos quadros 1, 2 e 3. Com base nos resultados, a taxa de participação mais elevada pertence às mulheres, com idades compreendidas entre os 40 e os 49 anos e com um diploma.

Quadro 1: Separação dos inquiridos em função do género

Gender	Percent of participation
Man	29
Woman	71

Quadro 2: Separação dos inquiridos em função da sua idade

Age	Percent of participation
20-29	17.5
30-39	39
40-49	39
50 or older	4.5

Quadro 3: Separação dos inquiridos em termos de nível de escolaridade

Educational level	Percent of participation
Diploma	51
Associate diploma	24.9
Bachelor and higher degrees	24.1

Como se pode ver no Quadro 4, ver televisão pode aumentar significativamente o conhecimento e a consciência ambiental dos professores, em comparação com outras formas. Para além disso, a maior taxa de participação gasta um tempo limitado no estudo da informação pública, pelo que se pode dizer que a informação contida em livros e revistas não pode ser suficientemente útil.

Quadro 4: Melhor método para a educação sobre questões ambientais

Factor	Percent of participation
Radio and TV	70.8
Newspapers and Journals	5.5
Educational books	3.5
Formal education and school education	16.1
Education posters and brochures	3.1
Lectures	1

O quadro 5 mostra claramente a falta de sensibilização para os diferentes tipos de danos ambientais, para os métodos de indemnização dos danos e para os dispositivos de indemnização. Assim, o reforço, o desenvolvimento e a publicidade adequados são essenciais para identificar estes casos.

Quadro 5: Familiaridade com os danos ambientais

Factor	Percent of participation
Very high	0.6
High	1.5
Medium	30.5
Low	40
Very low	27.4

O problema básico do ambiente é a falta de informação sobre as condições ambientais e o método de compensação dos danos ambientais, o que demonstra a necessidade de uma educação ambiental alargada a todos os aspectos e níveis em todo o país (Fig. 6).

Quadro 6: Situação básica do ambiente no país

Factor	Percent of participation
Lack of information	47.1
Increased population	32.1
Instrumentalism	10.5
Lack of regulations	5.2
Inappropriate implementation of law	5.1

De acordo com o Departamento do Ambiente, que é identificado como a principal organização na melhoria das condições ambientais pela maioria dos professores, os objectivos da educação ambiental e a identificação com a compensação dos danos ambientais só poderiam ser materializados à sombra do planeamento e da definição de uma boa estratégia na organização. Além disso, a informação abrangente e a publicidade contribuem grandemente para aumentar a consciencialização da comunidade estatística sobre os esforços feitos pelo Departamento do Ambiente (Tabela 7).

Quadro 7: Familiaridade com os esforços educativos desenvolvidos pelas organizações de proteção do ambiente

Factor	Percent of participation
Very high	1.5
High	4.5
Medium	53
Low	22.6
Very low	18.4

Pode concluir-se do Quadro 8 que a falta de educação suficiente, juntamente com a má gestão e a organização insuficiente, são consideradas as principais razões para a insatisfação com os esforços educativos efectuados em matéria de ambiente.

Quadro 8: Principais razões para a insatisfação com os esforços educativos realizados pelas organizações responsáveis pela proteção do ambiente

Factor	Percent of participation
Incomprehensiveness of education	14.2
Mismanagement	30.6
Lack of interest	2.8
Lack of education	50.9
Lack of necessity in education	1.5

CAPÍTULO 7

Resultados e discussão

Os resultados mostraram que os professores não possuem um nível adequado de conhecimentos, atitudes e competências em matéria de ambiente devido à falta de importância das questões relacionadas com o ambiente reflectida nos currículos das escolas primárias. Além disso, o facto de não assumirem a responsabilidade total pela aprendizagem é outra razão para esta fraqueza.

Como resultado, a realização de workshops educativos sobre o ambiente nos programas de formação de professores em serviço em diferentes níveis de ensino, a educação abrangente sobre questões ambientais, a criação de um sentido de competição saudável na motivação para aprender conhecimentos ambientais, a participação ativa em cursos educativos através da realização de jogos, a concessão de brindes, o desenvolvimento da maior parte da publicação educativa para materiais instrutivos e úteis, a alteração da educação ambiental através da integração destes tipos de educação no sistema educativo do país, a melhoria do conhecimento ambiental nas escolas e universidades através da implementação de programas educativos constantes no domínio do ambiente e da educação ambiental sob a forma de filmes educativos e produções audiovisuais e tecnologia educativa, especialmente espectáculos de marionetas, têm efeitos benéficos no enriquecimento do nível de conhecimento, atitude e competências ambientais.

Referências

Azimi, M., Karami, A.R. e Gholami, M.(2013). Aumentar o conhecimento ambiental público com ênfase na educação ambiental. Conferência nacional sobre a educação, 1-14.

Araghieh, A., Inanloo, A. e Borzabadi Farahani, N. (2012). Uma exploração dos métodos de formação em proteção ambiental na perspetiva dos alunos da escola primária. Jornal de Ciências Biológicas e Ambientais Aplicadas (JAEBS), 2(6), 255-259.

Athman, J. e Monroe, M. (2004). The effects of environment-based education on students' achievement motivation (Os efeitos do ensino baseado no ambiente na motivação dos alunos para o sucesso). Journal of Interpretation Research, 9(1), 9-25.

Akrami, M. (2001). Participação na proteção do ambiente. Revista de Filosofia, Teologia e Espiritualidade / Reflexão da Ideia, 34, 51- 57.

Bagad, A. (2009). Ciência e engenharia ambiental. Índia: Technical publication pune.

Bahram Soltani, K. (2008). Ambiente no planeamento urbano e regional: temas e métodos de desenvolvimento urbano. Teerão: Centro de Planeamento Urbano e Imprensa Agrícola do Irão.

Badini, H. (2005). Filosofia da responsabilidade civil. Teerão: Sahami Press.

Broomand, F. (1991). Educação internacional e ambiental, história, conhecimentos básicos e métodos de formação. Teerão: Comissão nacional da UNESCO no Irão, departamento de imprensa científica, técnica e profissional.

Bugliarello, G., Ariel, A., Barnes, J. e Wakstein, C. (1978). O impacto da poluição sonora. Instituto Politécnico de Nova Iorque.

Chenar, SH. SH., Karbassi, A.R., Zaker, N.H. e Ghazban, F. (2013). Electro floculação de metais durante a mistura estuarina (Mar Cáspio). Jornal de Pesquisa Costeira, 29, 847-854.

Dabiri, M. (2014). Poluição ambiental: Air, Water, Soil, Noise. Teerão: Etehad Press.

Darab pour, M.(2011). Responsabilidades fora do contrato. Teerão: Majd Press.

Donohoe, M. (2003). Causes and health consequences of environmental degradation and social injustice (Causas e consequências para a saúde da degradação ambiental e da injustiça social). Journal of Social Science & Medicine, 56, 573-587.

Day, B.A. e Monroe, M.C. (2000). Educação ambiental e estratégias de comunicação para um mundo sustentável. Washington DC: Academy for Educational Development.

Firoozi, M. (2005). Os dircitos dos princípios num ambiente saudável no Alcorão. Revista de Filosofia, Teologia e Mística / Reflexão de Ideias, 34, 65-78.

Farris, B. e Stancliff, R. (2002). O modelo de formação de colegas de trabalho: resultados de um projeto-piloto de emprego aberto. Journal of Intellectual and Developmental Disability, 2(26), 143159.

Gaston, K.J., Bennie, J., Davies, T.W. e Hopkins, J. (2013). Os impactos ecológicos da poluição luminosa nocturna: uma avaliação mecanicista. Biological Reviews, 88, 912-927.

Ghasemi, N. e Heidari, F. (2011). O estudo da responsabilidade civil causada por danos ambientais. Journal of Law & Politics Research of Allameh Tabatab'i University, Faculty of Law & Political Science, 34(13), 377-400.

Ghasemi, N. (2006). O direito penal do ambiente. Teerão: Jamal ul-Haq Press.

Heidari, F. e Heidari, M. (2015). Eficácia da gestão da educação ambiental na melhoria do conhecimento para a proteção ambiental (estudo de caso: professores da escola primária de Teerão). Revista Internacional de Investigação Ambiental (IJER), 9(4), 1225-1232.

Heidari, F. e Ghasemi, N. (2015).Compensação de danos ambientais na perspetiva do direito civil. Journal of Law & Politics of Islamic Azad University, Science and Research Campus, 22(10), 67-87.

Hadi Poor, M. e Shokravi, R. (2004). Avaliação da consciência ambiental e dos métodos óptimos de educação ambiental em donas de casa e professoras primárias em Arak. Journal of Environmental Science, 41, 27-33.

Javadi, M. (2008). A orientação humana na ética ambiental. Journal of Articles and Reviews of Qom universities, 90(1), 47-66.

Johnson, D.L., Ambrose, S.H., Bassett, T.J., M.L. Bowen, Crummey, D.E., Isaacson, J.S., Johnson, D.N., Lamb, P., Saul, M. e Winter-Nelson, A.E. (1997). Meanings of environmental terms. Journal of Environmental Quality, 26, 581-589.

Khorshid Doost, A.M. (2015). Educação ambiental no século 21. Teerão: Samt Press.

Karbassi, A.R. e Heidari, M. (2015). Uma investigação sobre o papel da salinidade, pH e DO na eliminação de metais pesados em toda a mistura estuarina. Revista global de ciência e gestão ambiental, 1, 41-46.

Karbassi, A.R., Fakhraee, M., Heidari, M., Vaezi, A.R. e Valikhani Samani, A.R. (2014). Geoquímica de metais vestigiais dissolvidos e particulados durante a mistura do rio Karganrud com a água do mar Cáspio. Arabian Journal of Geosciences, 8(21), 43-2151.

Karbassi, A.R., Heidari, M., Vaezi, A.R., Valikhani Samani, A.R., Fakhraee, M. e Heidari, F. (2013). Efeito do pH e da salinidade no processo de floculação de metais pesados durante a mistura da água do rio Aras com a água do mar Cáspio. Jornal de Ciências Ambientais da Terra, 72, 457465.

Kadivar, P. (2012). Psicologia da educação. Teerão: Samt Press.

Kopnina, H. (2011). Aplicação da escala do novo paradigma ecdogico no caso da educação ambiental: análise qualitativa da visão ecológica do mundo das crianças holandesas. Journal of Peace Education and Social Jastice, 5(3), 374- 388.

Katouzian, N. e Ansari, M. (2008). Liability of environmental damages (Responsabilidade por danos ambientais). Jornal de Direito e Política da Universidade de Teerão, 38(2), 195-299.

Kirubakaran, S. e Sundar, I. (2007). Environmental education: curriculum and teaching methods (Educação ambiental: currículo e métodos de ensino). Publicação SARUP & SONS.

Kiamanesh, A. (2004). Global education and participatory learning in Iranian primary education, achievements and prospects, review quarterly. Journal of Educational Innovations, 10(3), 13-34.

Karimi, D. (2004). Explicação do conceito de educação geral sobre o ambiente. Journal of Environmental Science, 41, 15-26.

Lahijanian, A. (2012). Environmental education (Educação ambiental). Teerão: Secção de Ciência e Investigação de Teerão, Imprensa da Universidade Islâmica Azad.

Landon, M. (2006).Environment, Health and sustainable development. Imprensa da Universidade Aberta.

Lavasani, A. (1992). Declaração da conferência internacional sobre o ambiente no Rio de Janeiro. Revista de Política Externa, 6, 22-35.

Meyboodi, H. (2014). Does school type make any difference in environmental awareness of primary students? Revista de Educação Ambiental e Desenvolvimento Sustentável, 4(1), 11-19.

Mirkamali, M. (2006). Cultura da administração da educação. Teerão: Yastaroon Press.

Marzso, S. (1980). Toward interdisciplinary environmental education - proceeding of the international seminar education & environment - some ideas on the interdisciplinary nature of the environment education.

Najafi, A. (2011). O efeito da organização de aprendizagem no desempenho. Journal of Andishe Gostar_e Saipan, 13(5), 1093-1099.

olfati, M.S. (2010). Poluição ambiental. Actas da Indústria de Seguros do Irão. Teerão: Publicação do Instituto de Seguros.

Pandey, V.C. (2007). Environmental education (Educação ambiental). Delhi: Isha books publication.

Parsa, M. (1997). Psicologia da aprendizagem, segundo a teoria. Teerão: Elmi Press.

Pepper, I.L., Gerba, C.P. e Brusseau, M.L. (1992). Ciência do ambiente e da poluição, Índia: Publicação Mittal.

Ramazani Ghavamabadi, M.H. (2012). Estudo estratégico da educação ambiental no Irão. Journal of Rahbord, 65(21), 233-257.

Rajabi, A. (2010). Estudar os critérios especiais para a conceção da responsabilidade civil por danos ambientais. Actas de direito ambiental (teorias e procedimentos). Teerão: Publicação Khorsandi.

Smith, B.J., Phillips, G.M. e Sweeney, M. (2013). Environmental science. Nova Iorque: Routledge Publication.

Swapna, M. (2013). A Ciência das Argilas: Aplicações na Indústria, Engenharia e Ambiente. Publicação da Springer Holanda.

Shobeiri, M. e Meibodi, H. (2013). Avaliação da educação ambiental no Irão e recomendação para melhorar a situação existente. Jornal de Ciências do Ambiente, 1(11), 119-130.

Saylan, C. e Blumstein, D.T. (2011). O fracasso da Universidade de Educação Ambiental (e como podemos corrigi-lo).California press.

Shobeiri, M. e Abdollahi, S. (2009). Conceitos, aplicações e teorias em educação ambiental. Teerão: Payamenoor Press.

Salchi Omran, E. c Mohammadi, A. (2009). Study of environmental knowledge, attitude and skills of primary school teachers in Mazandaran province (Estudo dos conhecimentos, atitudes e competências ambientais dos professores do ensino básico na província de Mazandaran). Journal of Education and Training, 95, 91-117.

Safi, A. (2006). Ensino primário, ciclo de orientação e ensino secundário. Teerão: O centro de estudo e compilação de livros universitários em ciências humanas Press.

Sadri, S.(2004). Formação de funcionários públicos. Teerão: Departamento de gestão do planeamento do desenvolvimento, imprensa sobre gestão do capital humano.

Sarmadi, M. (1998). Vários aspectos da educação ambiental com ênfase na geração jovem. Journal of Environmental Science, 10(2), 14-29.

Tarimoradi, E. e Fakhlaie, M. (2006). Os princípios e a jurisprudência do ambiente. Jornal da Faculdade de Teologia da Universidade de Mashhad, 71, 31-66.

Uzun, F.V. (2012). Os efeitos do projeto de educação para a natureza na consciência e comportamento ambiental, procedia - Ciências Sociais e Comportamentais, 46, 2912 - 2916.

Valikhani Samania, A.R., Karbassi, A.R., Fakhraeea, M., Heidari, M., Vaezia, A.R. e Valikhani, Z. (2014). Efeito do carbono orgânico dissolvido e da salinidade no processo de floculação de metais pesados durante a mistura da água do rio Navrud com a água do mar Cáspio. Journal of Desalination and Water Treatment, 55, 926-934.

Vallero, D.A. (2014). Fundamentals of air Pollution, 5ª edição. Academic Press, Amesterdão, Países Baixos e Boston MA.

Vega, E. (2006). Uma avaliação preliminar da consciencialização, conhecimento e atitude de especialistas em educação ambiental, instrutores, estudantes e pais no sudoeste da Florida. Journal of Environmental Education, 69, 166-178.

Wild, M.L. (2001). O Livro Branco da Comissão Europeia sobre a responsabilidade ambiental: questões e implicações. Journal of Environmental Law, 13(1), 21-37.

Zamani Moghadam, A. e Saiedi, M. (2013). Estudar o efeito da educação ambiental no desenvolvimento de conhecimentos, atitudes e competências dos professores do ensino primário no distrito educacional 12 em Teerão. Revista de Educação para o Desenvolvimento Sustentável, 3, 19-30.

Printed by Books on Demand GmbH, Norderstedt / Germany